AF509548

LES DEUX MÈRES,

VAUDEVILLE EN DEUX ACTES.

PAR MM. DESLANDES, CORMON et DIDIER.

REPRÉSENTÉ POUR LA PREMIÈRE FOIS, A PARIS, SUR LE THÉÂTRE NATIONAL DU VAUDEVILLE, LE 20 FÉVRIER 1837.

Eh bien ! je vous supplie… je me mets à genoux devant vous.   (SCÈNE IX.

PARIS,

NOBIS, ÉDITEUR, RUE DU CAIRE, N° 5.

—

1837.

Personnages.   Acteurs.

JACQUES, imprimeur en papiers peints. (24 ans.)   MM. HYPOLITE.
LUCIEN, apprenti tireur. (13 ans.)   EMILE TAIGNY.
SIMON, ouvrier.   BALLARD.
JEAN-PIERRE, idem.   LUDOVIC.
GALOU, idem.   CASSEL.
BAHU, apprenti. (8 à 10 ans.)   VAUTIER.
UN GARÇON DE CAISSE.   EDMOND.
LOUISE, femme de Jacques (20 ans.)   Mmes H. BALTHAZARD.
STELLA. (25 ans.)   REVEL.
ÉMÉLIE.   L. MAYER.

La scène se passe à Paris, chez Jacques.

LES DEUX MÈRES,

VAUDEVILLE EN DEUX ACTES.

ACTE I.

Le théâtre représente une salle d'entrée. Une grande porte au fond ; un cabinet de chaque
côté. A droite, une table chargée de rouleaux de papiers. Au fond, sur des chaises,
des rouleaux de papier déroulés ; à gauche, premier plan, une table.

SCÈNE I.

SIMON, TOUS LES OUVRIERS réunis.

AIR de J. Doche.

CHOEUR.

Allons, amis, il faut savoir
Ce qu'est d'venu ce p'tit diable :
Car de tout faire il est capable,
Excepté pourtant son devoir.

SIMON.

Comment ! ce gamin abuse
De c'qu'il est plus dégourdi qu' nous,
Quand on l'attend, il s'amuse !
Je vais le rouer de coups !

TOUS.

Non, non, ce sera moi !
    Moi !
      Moi !
        Moi !

SIMON.

Ce droit m'appartient, j'espère ;
Lucien est mon tireur, il est mon apprenti !

TOUS.

Il faut qu'il support' not' colère !
Nous somm's tous bras croisés, grace à lui !

SIMON.

J'en ai le droit.

TOUS.

Nous, nous l'avons aussi.

SIMON.

Alors, pour arranger l'affaire,
Que chacun d' nous d'un' baguett' soit nanti ;
Car, depuis l' temps qu'il est sorti,
Nous aurions décidé ce que nous devons faire,
Pour la fêt' du bourgeois, de notre excellent père !

UN OUVRIER, annonçant

Amis ! voilà Lucien ! (bis.)

SIMON.

Sur deux rangs ! du silence,
Et la baguette en main.
Rossons-le d'importance !
Rossons tous le vaurien !

(Ils se mettent sur deux rangs et reprennent en chœur :)

TOUS.

Sur deux rangs ! du silence,
Et la baguette en main,
Rossons-le d'importance,
Rossons tous le vaurien.
Silence !
Rossons tous le vaurien. (bis.)

SCÈNE II.

LES MÊMES. LUCIEN.

LUCIEN.

Me voilà! me voilà!

SIMON.

Ah! méchant gamin, tu nous feras attendre comme ça.

Ils se disposent à le frapper.

LUCIEN, solennellement.

Arrêtez!

TOUS.

Qu'est-ce qu'il a?

LUCIEN.

Il est de ma délicatesse de vous avertir du danger que vous courez en portant la main sur mon individu.

SIMON.

Qu'est-ce que c'est? qu'est-ce que c'est? allons, j'te vas...

LUCIEN.

Arrêtez! vous dis-je, malheureux! vous courez à la décomposition de vos physiques.

SIMON.

Qu'est-ce que tu veux dire?

LUCIEN.

Que je sors d'avec Bresquoëtte.

TOUS, avec effroi.

D'avec Bresquoëtte!

LUCIEN.

Je n'ai pas besoin d'ajouter que c'est not' maître à tous; que, premier tireur de chausson du quartier, Bresquoëtte, armé d'un pain de quatre livres, se rit de la force armée, la tympanise, et en fait une purée aux croûtons.

SIMON.

C'est vrai que c'est le plus fort du faubourg; mais quel rapport?..

LUCIEN.

Ah! voilà: Je le rencontre, y m'dit: Bonjour, moutard!..Bonjour, bourreau des crânes, que j' lui réponds: (ça flatte son amour-propre quand on l'appelle ainsi.) Viens boire un coup. — Oh! non; les ouvriers m'attendent. — Tu leur diras qu' t'étais t'avec moi... — Mais... — Allons, pas de mais... Il me prend par la peau... de mon pantalon et me fait entrer chez le marchand de vin. Je bois un verre de blanc sans sourciller; bravo: un second...je le ravale de rechef. Alors, saisi d'admiration...— Je te proclame buveur en herbe, devant atteindre dans cette profession la hauteur des buttes Montmartre.

SIMON.

Et c'est pour ça?..

LUCIEN.

Oui, mais, que j' fis, avec tout ça j' vas recevoir ma rincée. — Celui qui touchera à un seul poil de la bête, dit-il, en me frappant sur l'épaule, je tanne sa peau, jusqu'à ce qu'elle soit propre à couvrir un tambour.

SIMON.

Ah! tu dis ça pour nous effrayer, mais ça ne nous empêchera pas...

LUCIEN.

Voilà! je prévoyais votre incroyance, et je y ai fait écrire ce papier en guise de charte. *A part.* que j'ai dicté moi-même.

TOUS.

Écoutons, écoutons.

LUCIEN, lisant.

« Celui qui se permettra de donner une calotte à Lucien, Bresquoëtte » en rendra dix-sept.

TOUS.

Ah!

LUCIEN.

« Pour un coup de poing... 23. Pour un coup de pied dans le... dos, l'indi» vidu s'expose à se voir déchirer ses vêtemens et à attraper un rhume, » attendu que l'énorme main de Bresquoëtte n'aime pas à taper sur du

» drap. Épocritème. Celui dont il est le tireur de chassis est seul excepté,
» attendu que c'est lui qui lui inculque les principes de l'art de faire le
» papier peint.

L'OUVRIER, se disposant.

Eh ben! en ce cas...

LUCIEN, l'arrêtant.

Un instant : « mais ce, seulement pendant l'exercice de ses fonctions. »

SIMON.

Ce n'était pas une raison pour nous faire attendre. Je ne sais qui me retient...

LUCIEN.

Bien... bien... comme je ne veux pas tricher, regardez mes amis si c'est
un coup de poing ou une calotte qu'il va me donner... tapez. (L'ouvrier le
pousse. Ouvrant le papier.) Bon, il m'a poussé, nous allons voir... hum, hum...
Ah! attendu que l'article de la bousculade n'est pas prévu, il ne lui sera
rien fait, mais je la ferai rajouter sur ma constitution... car, comme dit
la chanson : le lierre s'attache à l'ormeau, c'est-à-dire, à Bressquoëtle.

SIMON.

Mais il ne s'agit plus de tout ça. Nous disons donc que c'est la fête de
M. Jacques, et c'est pour ça que nous t'attendons depuis une heure...
Voyons, il s'agit de lui faire un cadeau, là, ben gentil. Depuis long-temps,
le commerce ne va plus, et quoique pas riche, il nous a fait travailler tout
de même.

TOUS.

C'est un si brave homme!..

LUCIEN.

Ah! ça, qu'est-ce que vous allez lui donner ?

SIMON.

Un beau laurier-rose.

UN AUTRE.

Non, un pâté et une bouteille d'Alicante.

LES UNS.

Faut mieux le laurier.

LES AUTRES.

Faut mieux le pâté.

LUCIEN.

Quelque chose de plus simple; v'là sa femme, not' bonne bourgeoise...
elle nous dira ce qu'il aime le mieux.

TOUS.

Ah! bien, c'est ça, c'est ça!

SCÉNE III.

LES MÊMES, LOUISE.

TOUS.

Bonjour, bourgeoise!

LOUISE.

Bonjour, mes amis.

LUCIEN.

Comment qu'ça va, ce matin, bourgeoise ?

LOUISE.

Oh! bien, très bien!.. je suis si contente!.. n'est-ce pas aujourd'hui que
ma fille revient ?

LUCIEN.

Votre rejetonne? elle arrive de nourrice?.. Amis, deux pâtés et quatre
bouteilles de vin de plus.

LOUISE.

Pour qui ?

LUCIEN.

Eh ben! pour elle!.. ah! que j' suis bête; d'ailleurs, la voiture l'a peut-
être incommodée, surtout, si elle allait à reculons... Aime-t-elle aller à reculons votre rejetonne.

LOUISE.

Un enfant de trois ans!

LUCIEN.

Comment, elle a déjà trois ans... comme ça nous repousse; quand je
pense qu'on venait de me mettre à la porte de la mutuelle, le jour où que

je suis entré ici, apprenti, voire même qu'on m'a donné deux dragées gri-
ses et trois blanches, du baptême de c't' enfant...Ah ça! dites donc, bourgeoise, nous sommes à nous consulter sur ce qu'il faudrait donner à monsieur qui lui fît bien plaisir.

LOUISE.

Ah! dam, il aurait fallu me parler de ça plutôt: j'aurais tâché de le pres-
sentir, et je vous l'aurais dit... je suis si contente, quand on fait quelque
chose qui lui est agréable: je l'aime tant!.. il est si bon! aussi combien
cette amitié, que vous lui portez, me fait de bien!..

LUCIEN.

Eh bien! alors, vous ne savez pas ce qui faut faire? pendant qu'ils vont
aller se bichonner, tâchez de deviner ce qu'il aimerait; n'importe, quoi
que ça soye, il l'aura.

TOUS.

C'est ça, c'est ça.

LUCIEN.

Vous, Galou, faut faire vot' barbe, car vous n'êtes pas beau avec... re-
gardez-moi.

L'OUVRIER.

Gamin, parce que t'en n'as pas encore.

LUCIEN.

C'est l' moyen qu'elle soit toujours faite... Moi, j'vas rester là, en senti-
nelle, et quand vous reviendrez, grâce à la bourgeoise, nous saurons à
quoi nous en tenir.

SIMON.

C'est ça! et nous, pendant c' temps-là, nous allons nous requinquer.

CHOEUR.

Air des Chemins de fer.

Pour que la fête soit complète,
Il faut s'habiller aux oiseaux;
Nous allons faire notre toilette,
Et nous r'viendrons quand nous serons beaux.

LUCIEN, riant.

En c' cas-là faites diligence,
Car si vous avez le désir,
De vous fair' beaux, en conscience.
Vous n'êtes pas près de revenir.

SCÈNE IV.

LUCIEN. LOUISE.

LUCIEN.

Dites donc, bourgeoise, vous êtes gentille comme tout, ce matin.

LOUISE.

C'est que je suis bien heureuse!.. aujourd'hui la fête de mon bon Jacques.

LUCIEN.

Peut-on sans indiscrétion, vous demander si vous vous l'êtes déjà sou-
haitée? c'est qu'ordinairement, du moins, c'était comme ça chez maman,
le matin de la fête de papa: je recevais presque toujours des calottes, parce que j'entrais dans la chambre sans frapper.

LOUISE.

Non-seulement, je n'ai pas parlé à Jacques, aujourd'hui, mais je ne l'ai
même pas vu... il a travaillé toute la nuit, il ne s'est pas couché.

LUCIEN.

En ce cas, ma question tombe d'elle-même...Qu'est-ce qu'il a donc de si
pressé?

LOUISE.

Tu sais bien qu'il ne me conte jamais ses affaires... Fais ton ménage,
et repose-toi le plus souvent que tu le pourras, me répète-t-il toujours...
c'est en vain que je l'interroge quelquefois sur son état, sur son commerce.

Air de la Robe et des Bottes.

Il me dit: «Pas d'inquiétude,
»Laisse-moi ces soins ennuyeux,
»Que ton bonheur fasse seul ton étude
»Va, ma Louise, je travaille pour deux.»

Grace à sa bonté généreuse,
Aussi, pour moi, tout est félicité.
Il ne veut que me voir heureuse.

LUCIEN.

Et vous, là-dessus, vous fait's sa volonté,
Comme y n' veut que vous rendre heureuse
Vous l' laissez fair' sa volonté.

LOUISE, riant.

Oui, mais s'il savait que je ne me suis pas couchée non plus.

LUCIEN.

Non plus ? vous ! c't' idée ! et pour quoi faire ?

LOUISE.

Tu me le demandes... le jour de l'arrivée de ma petite fille, que je n'ai pas encore revue depuis le baptême... et les bonnets ! et les robes !..

LUCIEN.

Ah ça ! les autres vont revenir et y aura rien de décidé.

LOUISE.

J'y vais; vois-tu, je lui ai fait du bon chocolat, je vais le lui porter dans une belle tasse de porcelaine dorée, que j'ai achetée, et en l'embrassant, en le faisant causer, je saurai ce qu'il préférerait et je viendrai vous le dire.

LUCIEN.

C'est ça, dépêchez-vous.

LOUISE, gaîment.

Je crois que le commerce va bien, que mon mari commence à faire ses affaires et peut augmenter le nombre de ses ouvriers; si tu as des amis que tu veuilles faire entrer ici, dis-le-moi, Lucien, je les protégerai... je suis si contente !..

Air : Valse de Robin des bois.

Et toi, Lucien, graces à ta jeunesse,
Si quelque chose ici te fait plaisir,
Parle à l'instant, et je fais la promesse
De contenter, si je puis, ton désir.

LUCIEN.

De m' calotter, comm' chacun s' fait une fête,
Ma seule envi', tenez, bourgeois', la v'là !
Ça s'rait d' tirer la savatt' comm' Bressquoëtte,
Mais vous n' pouvez pas m'apprendr' ça.

LOUISE.

Enfin Lucien, graces à ta jeunesse, etc.

LUCIEN.

ENSEMBLE.

Avec vous, ma bonne maîtresse,
On n' peut pas avoir un désir ;
Car vous n' vous occupez sans cesse,
Que de c' qui peut nous fair' plaisir.   (Louise sort à gauche.

SCÈNE V.

LUCIEN, puis JACQUES, entrant par le fond.

LUCIEN.

V'là-t-il des gens qui méritent de faire leur chemin ! ce bon M. Jacques, y a pas à dire, c'est not' père à tous... et puis, il m'accorde une confiance toute particulière ; ça flatte mon amour-propre, car parler à un tireur de chassis... eh! pourquoi pas?.. au fait, un enfant est un homme comme un autre... Ah! le voici : il a l'air triste.

JACQUES, à lui-même.

Ruiné, complétement ruiné.

LUCIEN.

Bonjour, bourgeois, je vous souhaite une bonne fête et une parfaite santé.

JACQUES, sans l'écouter, ouvrant un agenda.

Quelques confrères pourraient peut-être...

LUCIEN.

Il n' m'a pas entendu... en avant le compliment d'avant ma première communion.

Que la gaîté la plus parfaite,
Soit la compagne de tes jours,

> Ah! chaque jour serait ta fête,
> S'il dépendait de notre amour.

JACQUES, avec explosion.

Et ma pauvre Louise! qui est si loin de se douter!..

LUCIEN.

Qu'avez-vous donc, bourgeois?

JACQUES.

Moi, Lucien... je n'ai rien.

LUCIEN.

Une pareille tristesse le jour de vot' fête...

JACQUES, à part.

Le jour de ma fête sera celui de ma ruine.

LUCIEN.

Vous avez beau dire, bourgeois, c'est pas naturel...

JACQUES.

Non, je te le répète Lucien, je n'ai rien.

LUCIEN, à part.

Il a quelque chose, c'est sûr, il a quelque chose... (Il remonte au fond.)

SCÈNE VI.

LES MÊMES, UN GARÇON DE CAISSE, une sacoche sur l'épaule.

LE GARÇON.

Me v'là! bonjour, M. Jacques.

JACQUES.

Ah! mon Dieu, déjà!

LE GARÇON.

C'est un effet de 500.

JACQUES, avec embarras.

Ah! dites-moi... seriez-vous assez bon pour repasser... tantôt... pour l'instant... je ne suis pas en mesure...

LE GARÇON, surpris.

Ah!..

LUCIEN, à part.

Ah! mon Dieu, est-ce que ce serait pour ça...

LE GARÇON.

N' manquez pas, entendez-vous... vous le savez, ça nous est défendu de revenir... mais vous êtes un brave homme et pour vous, M. Jacques, je repasserai... (Chargeant sa sacoche.) Mauvais signe, hum! mauvais signe.

(Il sort.)

SCÈNE VII.

LES MÊMES, excepté LE GARÇON.

JACQUES, accablé.

Il reviendra... et les autres... les autres qui vont venir, demain... aujourd'hui peut-être... ah! mon Dieu, mon Dieu! que faire! que devenir!

LUCIEN, tristement.

Ah! je devine à présent, bourgeois, v'là la cause de vot' tristesse.

JACQUES, vivement.

Quoi! tu étais là?..

LUCIEN.

Oui, bourgeois, oui, j'ai tout entendu.

JACQUES.

Eh bien! oui, oui, mon pauvre Lucien, je ne puis te le cacher plus longtemps, j'avais des économies, je les ai employées à vous faire faire de la marchandise d'avance, dont je regardais le placement, plus tard, comme certain. Eh bien! une nouvelle découverte d'un confrère, mettra le même papier au quart du prix qu'il me revient; enfin, je me trouve sans ressources!

LUCIEN.

Sans ressources!

JACQUES.

Et ce soir ou demain, nos meubles seront saisis, et nous, mis à la porte par des huissiers.

LUCIEN.

Combien seront-ils les huissiers? j' vas aller chercher Bressquoëtte, il viendra en faire une matelotte.

JACQUES.

Le jour précisément de l'arrivée de ma fille, de mon enfant chérie!

LUCIEN.

Quand j' pense que c'est pour nous faire travailler!.. Et où allez-vous, maintenant?

JACQUES.

Tenter une dernière chance, et si je ne réussis pas, aller au-devant de la nourrice, lui dire de remmener notre enfant... que notre pauvre fille ne voie pas des larmes dans nos premiers regards; je me remettrai à travailler comme ouvrier avec vous autres, et plus tard...

LUCIEN.

Vous me faites mal de vous entendre dire ça! nous qui sommes cause... Allez, faites c' que vous pourrez, mais n' craignez rien, M. Jacques, ne craignez rien.

AIR : Mon cœur à l'espoir s'abandonne.

S'il faut qu' votre espéranc' soit vaine,
Ne perdez pas courag' pour ça ;
Quand c'est pour nous qu' vous êtes dans la peine,
Nous vous prouv'rons qu' nous somm's bons là.
Allez, bannissez vos alarmes,
Vot' petit' fill' peut revenir ;
Y s' peut qu'ell' voi' couler vos larmes,
Mais ça s'ra des larm's de plaisir.
S'il faut, etc.

JACQUES.

ENSEMBLE.

S'il faut qu' mon espéranc' soit vaine,
Je ne perds pas courag' pour ça ;
Vous savez qu' je suis dans la peine,
Vous me prouv'rez qu' vous êt's bons là.   (Jacques sort par le fond.)

SCENE VIII.

LUCIEN, puis LOUISE.

LUCIEN, marchant à grands pas.

Ah ben! non, non, par exemple, y n' s'ra pas dit qu'un si brave homme... quand je devrais... pour ce qui est des huissiers, ça regarde Bressquoëtte ; après ça, il s'alarme pour rien, car enfin 500 francs, c'est pas l' diable... oui, mais où les trouver? moi qui n'ai en tout que 22 sous... Oh! n'importe, je saurai bien...

LOUISE.

Eh bien! mon pauvre garçon, comme j'allais porter le chocolat à Jacques, je ne l'ai plus trouvé dans sa chambre et je n'ai pu lui parler...

LUCIEN, sans la voir.

Il doute du cœur de ses ouvriers, c'est mal.

LOUISE.

Que dis-tu?

LUCIEN.

Il ne sait donc pas que ça ferait une émeute dans le quartier, si les huissiers...

LOUISE.

Que parles-tu d'huissiers?

LUCIEN.

Ah! c'est vous... allons, du courage... que diable, nous en viendrons à bout.

LOUISE.

A bout! de quoi?

LUCIEN.

S'il est ruiné... il recommencera, quoi!

LOUISE.

Ruiné! qui?

LUCIEN.

Il donnera vingt sous de moins par jour à ses ouvriers : tous y consentiront de bon cœur.

LOUISE.

Parleras-tu? tu me fais mourir d'impatience.

LUCIEN.

Y a que votre pauvre mari, par sa trop de bonté pour nous, est à la veille de se voir enlever ses meubles.

LOUISE.

Ah ça! j'entends mal.

LUCIEN.

Il ne veut pas que sa fille vienne... v'là-t-il pas : est-ce qu'à son âge ou connaît les affaires.

LOUISE.

Il ne veut pas que ma fille vienne!

LUCIEN.

Elle viendra... on n'emportera pas les meubles, ou j'y perdrai mon nom.

LOUISE.

Ah! Lucien, que tu me fais de mal! explique-toi.

LUCIEN.

Oui, bourgeoise, dans la crainte de vous faire de la peine, l' patron vous a caché que ses affaires allaient mal.

LOUISE.

Voilà donc la cause de sa tristesse... Ah! je cours après lui.

LUCIEN.

Pour y empêcher d'avoir le sang-froid nécessaire.

LOUISE.

Doute-t-il de mon amour?.. me croit-il donc incapable de supporter un malheur?.. non, je veux être près de lui, le consoler.

LUCIEN.

Bien! elle va nous empêcher d'agir... Oh! les femmes, les femmes!

LOUISE.

Où est-il, maintenant?

LUCIEN, à part.

Ah! mon Dieu! j'entends les camarades... je ne veux pas qu'elle se trouve là; ça pourrait l'humilier.

LOUISE.

Me répondras-tu! où est-il?

LUCIEN, à part.

Quelle idée! (Haut.) Il m'a dit qu'il vous l'avait écrit dans une lettre qu'il a laissée sur son bureau.

LOUISE.

Ah! courons. (Elle sort précipitamment par le cabinet de gauche ; Lucien l'enferme.)

LUCIEN.

Là! un tour de clé ; pendant ce temps, je pourrai agir.

SCÈNE IX.

LUCIEN, SIMON, Tous les Ouvriers.

CHOEUR.

Air . En avant, bon courage. (ADAM.)

Quand l' devoir nous réclame,
On nous voit accourir ;
Il n'est rien sur mon ame,
Qui puiss' nous retenir.

SIMON, à Lucien.

Notre toilette est faite,
Du bourgeois, quel est l' goût;
Qu'est-ce qu'il faut qu'on achète?

LUCIEN.

Faut acheter rien du tout.

REPRISE.

Quand l' devoir, etc.   (Lucien leur fait signe de se taire.)

TOUS.

Comment, est-ce qu'il y a du nouveau?

LUCIEN.

Oui, il y a du nouveau ; parlons bas.

TOUS.

Pourquoi?

LUCIEN.

Écoutez-moi : Vous, Jean-Pierre, combien vous prête-t-on sur votre montre en or, quand vous la mettez en gage?

L'OUVRIER.

Pourquoi?

LUCIEN.

Répondez toujours...   (Il prend un papier et un crayon.)

L'OUVRIER.

75 francs.

LUCIEN, écrivant.

75 francs, bon! et moi 22 sous; vous, Simon, combien avez-vous à la caisse d'épargne?

SIMON.

Veux-tu pas faire ton embarras comme ça, j' te vas...

LUCIEN, appelant.

Bressquoëtte!

SIMON.

123 francs, pourquoi?

LUCIEN, écrivant.

123 francs; toi, Claude, ne devais-tu pas toucher quelque chose?

L'OUVRIER.

Pour avoir retiré d' l'eau c't'enfant qui se noyait... 100 francs.

LUCIEN, écrivant.

Tu vois que c'est utile d'être de la famille des canards... 100 francs, et toujours mes 22 sous; vous tous, avez-vous des économies?

LES UNS.

Moi, dix francs. (Les autres.) Moi, 15 francs...

LUCIEN, écrivant.

Ça n' fait pas encore beaucoup... bon... ma veste et mon pantalon neufs, j'en aurai bien 30 francs, voyons : 75... 123... 100... 10... 15... 30... et mes 22 sous... ça fait...

TOUS, se fâchant et se disposant à le frapper.

Ah! tu nous embêtes, et nous allons...

LUCIEN.

Mais écoutez-moi donc.

AIR : Le siècle marche et la philosophie.

Sachez, amis, qu'un brave homm', notre père,
Que dis-je, un Dieu, notre bourgeois enfin,
S' trouve aujourd'hui réduit à la misère;
Celui qu' jamais on n'implorait en vain,
Il s'est ruiné pour nous donner du pain;
Et quand maint'nant il est dans l'indigence,
De l' secourir, qui d' vous n' s'rait jaloux.

TOUS, avec force.

Aucun, aucun,

LUCIEN.

J'en étais sûr, d'avance;
J'ai là quelqu' chose qui m' répondait pour vous.

SIMON.

Moi, j' lui donnerais tout ce que je possède.

UN AUTRE.

J' travaillerais jour et nuit pour lui.

SIMON.

Je me ferais saigner des quatre membres, s'il le fallait.

TOUS.

Moi aussi, moi aussi.

LUCIEN.

Vous voyez bien que j'avais raison de compter sur vot' bon cœur.

SIMON.

Mais, comment s' fait-il?..

LUCIEN.

Pas d'explications... je vous conterai ça chez l' marchand de vin; mais ne perdez pas de temps... allez chercher tout ce que vous pourrez disposer d'argent.

Air : Courant de la blonde à la brune.

Allons, allons, partez vite,
N' soyez pas long-temps dehors ;
Ça fait qu' s'ils nous rendent visite,
Nous brosserons les recors.
Qu'ils vienn'nt avec leur enquête,
J' vous en donne mon bon billet :
J' n'aurai pas besoin d' Bressquoette,
Pour leur abîmer l' portrait.

TOUS.

Allons, allons, etc.   Ils sortent en courant.

LUCIEN, seul.

Mon Dieu ! la somme n'y est pas encore... Ah ! ma casquette... j'en aurai au moins 40 sous... en avant le bonnet d' papier. (Il met un bonnet d'imprimeur.) J' trouve qu' ça n' m'a jamais si bien été... c' pauvre cher homme, il est allé chercher des secours auprès de ses amis... des gens de la haute volée... le marchand de vins, l'épicier, le marchand de couleurs ; comme il en aura été bien reçu... j' t'en moque... ses pauvres compagnons n' se sont pas fait tirer l'oreille, eux,

Air : Je dois le dire avec candeur. (MODISTE.)

A ceux qu'il obligea souvent,
Maint'nant qu'il est dans la détresse ;
Qu'il aille donc d'mander de l'argent,
Ils lui donn'ront maint' bell' promesse ;
Mais en le r'fusant au total,
Ils lui parl'ront un beau langage :
Des ouvriers, c' n'est pas l'usage,
Nous fesons l' bien en parlant mal.

SCÈNE X.

JACQUES, il est pâle et défait ; LUCIEN.

JACQUES.

Tout ! tout à la fois !

LUCIEN.

Ah ! qu'avez-vous donc, bourgeois ? vous êtes tout chose ! ce n'est pas raisonnable.

JACQUES.

C'est que tout m'accable ! ma fille ! ma pauvre fille !

LUCIEN.

Ah ! mon Dieu ! que lui est-il donc arrivé ?

JACQUES.

Mon bon Lucien, laisse-moi, il est de ces peines que les consolations, loin d'adoucir, augmentent.

LUCIEN.

Je me tais, bourgeois... mais quant aux huissiers...

JACQUES, se jettant sur une chaise.

Ah ! qu'ils viennent s'ils veulent, ça m'est égal : je défie le sort ! que p' urrait-il à présent !...

LUCIEN, à part.

C' pauvre cher homme ! sa tête est faible... y n' pourrait pas supporter les deux verres de blanc que ce matin... dépêchons-nous de lui remettre du baume dans la cervelle.   (Il sort par le fond.)

SCÈNE XI.

JACQUES, seul.

Ma fille ! ma fille morte ! notre unique enfant ! elle que j'aurais regardée avec tant d'orgueil ! Mon Dieu ! qu'ai-je dû dire quand la nourrice m'a appris cette nouvelle, car je crois que j'ai eu un moment de folie !... cependant, je vois encore à la voiture cette femme qui ne cessait de me fixer : elle serrait son enfant contre son sein... on aurait dit qu'elle redoutait qu'il ne lui en arrivât autant... Oh ! qu'elle était heureuse de ne craindre qu'un malheur imaginaire... moi... la réalité ! l'affreuse réalité... et ma femme ! ma pauvre Louise !.. comment lui apprendre !... elle qui, hier encore, me parlait de notre avenir... de celui de notre enfant... qu'elle voyait déjà riche... recherchée! et tout d'un coup, tomber dans la misère! n'ayant pas même les caresses de sa fille pour la consoler de ce malheur... elle n'y survivra pas!.. et je serais témoin... non!.. ce n'est pas ma faute, si Dieu ne m'a pas donné assez de courage pour supporter ce temps d'épreuves... j'aime mieux me tuer!.. Me tuer!.. et ma femme... on la chassera d'ici ; déjà le bruit de ma gêne a parcouru toutes les maisons où je devais... tous me demandent un argent que je n'ai pas... que je n'aurai peut-être jamais... c'est à en devenir fou.

SCENE XII.

STELLA, mise simple mais riche ; JACQUES.

STELLA, paraissant au fond.

C'est lui... M. Jacques?..

JACQUES.

Ah! c'est vous, madame, je vous reconnais. Venez-vous encore me montrer votre enfant, pour me faire plus vivement sentir la perte que j'ai faite?

STELLA.

Calmez-vous, M. Jacques.

JACQUES, étonné.

Qui vous a dit mon nom?

STELLA.

Vous l'avez prononcé vingt fois vous-même... oui, dans votre désespoir, vous nous avez raconté votre horrible position.

JACQUES.

Eh bien! j'ai eu tort; je n'avais pas la tête à moi. Enfin, madame, que voulez-vous?

STELLA.

Venir à votre secours.

JACQUES.

Croyez-vous donc que je me sois plaint pour demander l'aumône?

STELLA

Non, car c'est service pour service que je viens vous offrir.

JACQUES.

Expliquez-vous?

STELLA.

Vos créanciers vous persécutent... voilà de quoi les satisfaire.

(Elle lui présente un petit portefeuille.)

JACQUES.

Je ne puis deviner...

STELLA.

M. Jacques... la perte que vous venez de faire est affreuse... mais n'aurez-vous pas la force de la supporter?

JACQUES.

Hélas! madame... faut-il vous l'avouer... la mort de mon enfant me porte un coup terrible, mais ce que je crains le plus encore... c'est le désespoir de sa mère... elle en mourra, madame, elle en mourra, c'est sûr!

STELLA.

Il ne tient qu'à vous qu'elle l'ignore toujours.

JACQUES.

Ah! je donnerais ma vie pour ça.

STELLA.

Eh bien! il ne faut que donner votre nom.

JACQUES.

Mon nom?

STELLA.

A une infortunée qui ne sera jamais embrassée désormais par sa véritable mère.

JACQUES.

Ce mystère?..

STELLA.

Écoutez-moi, Jacques. Les momens sont précieux... Vous êtes un honnête homme! oh! tous les sermens possibles ne me le prouveraient pas tant que votre désespoir. Je vous ai jugé en quelques minutes... et il faut que j'aie bien confiance en vous, puisque je veux remettre entre vos mains ma vie, mon bonheur, ma fille en un mot.

JACQUES.

Votre fille? mais qui êtes-vous donc madame?

STELLA, vivement.

Oh! vous ne le saurez jamais; qu'il vous suffise d'apprendre qu'en acceptant, vous sauverez un enfant que de grands dangers menacent.

JACQUES.

Des dangers?

STELLA.

Que cet enfant ne doit jamais connaître d'autre père que Jacques, et que loin de vous être à charge elle peut vous sauver d'une ruine qui parait imminente. remplacer près de votre femme la fille qu'elle a perdue et lui épargner un chagrin qui pourrait la conduire au tombeau. (Mouvement de Jacques.) Oh! ce n'est pas vous qui serez le plus à plaindre. Votre perte est cruelle sans doute, mais le temps ne peut qu'en diminuer le triste souvenir. Et croyez-vous qu'il ne soit pas plus affreux pour une mère, de se dire : mon enfant existe, et je n'ai plus d'enfant! ma fille parle, agit, grandit, embellit. et cependant morte, morte pour sa mère... ah! c'est horrible!

AIR de l'Angélus.

Jugez quel est mon désespoir,
Et ce qu'il me faut d'énergie,
Je dois, pour ne plus la revoir,
Quitter cette fille chérie.   (bis.)
D'un enfant, vous pleurez la mort;
Mais ma douleur est plus amère
Car mon enfant existe encor,
Et je ne serai plus sa mère.   bis..

JACQUES.

Mais quels motifs vous engagent à vous en séparer?

STELLA.

Mes larmes, mes sanglots, ne vous disent-ils pas assez qu'il le faut, qu'un sort cruel m'y force, m'y condamne?.. oui, Jacques, quelle que soit votre décision. ma fille ne doit jamais connaître sa mère. Maintenant me refuserez-vous encore ce que je vous demande comme une grâce? Jacques, pensez à votre femme.

JACQUES.

Ma femme!..

LOUISE, appelant dans le cabinet.

Lucien!..

JACQUES, courant à la porte.

Grands Dieux!.. c'est elle... enfermée... ah! tant mieux!

STELLA, vivement.

Songez qu'il va falloir lui apprendre la triste vérité.

JACQUES.

Pauvre Louise!..

STELLA, continuant.

Qu'il faudra lui dire : Ta fille. ton unique espérance, ta joie. ton bonheur!.. ta fille est morte!..

JACQUES.

Que faire!.. mon Dieu!

STELLA.

Songez que votre refus peut la tuer aussi.

JACQUES.

Ah! cette crainte me décide tout-à-fait... J'accepte madame. j'accepte.

STELLA.

Chaque année. vous recevrez une somme égale à celle-ci.

Elle lui présente l'agenda.

JACQUES, le prenant.

C'est pour ma femme. pour elle seule que je consens...

LOUISE, appelant.

Lucien! Jacques!..

JACQUES.

De grace, veuillez passer par cette sortie...

STELLA.

Je vais vous amener ma fille. (Revenant sur ses pas et à voix basse.) Vous en aurez bien soin, n'est-ce pas? vous l'aimerez bien? oh! elle sera bonne, j'en suis sûre. Ah! partons...

Elle sort par le cabinet de droite. A la sortie de Stella, Louise en dehors, crie et appelle plus fort! LUCIEN! JACQUES!

SCENE XIII.

JACQUES, puis LOUISE.

(Jacques accompagne Stella jusqu'à la porte, et revient ouvrir à Louise.)

JACQUES.

Qui t'avait donc enfermée ainsi?

LOUISE.

Lucien. Il m'a tout conté, je sais tout, et tu voulais me cacher... mais que m'importe la misère, pourvu que je la supporte avec toi. Tu ne veux pas que je travaille... Eh bien! j'aime le travail, ça me fera plaisir au contraire.

JACQUES.

Mais...

LOUISE.

Quand je veillerai un peu plus tard, je me dirai, c'est pour acheter une robe à ma fille, et je travaillerai avec plus d'ardeur.

JACQUES.

Ta fille!..

LOUISE.

Ah! vois-tu, voilà de ces pertes dont on ne se console jamais... on en meurt... mais de l'argent... aujourd'hui pauvre, demain riche.

JACQUES, à part.

Allons, j'ai bien fait! (Haut.) Mais je ne sais en vérité...

LOUISE.

On va venir vendre nos meubles?.. Eh! mon Dieu! une petite table, deux chaises, un lit et un berceau, avec toi et notre enfant, ce sera un paradis!..

JACQUES.

Bonne Louise!.. mais il n'en est rien, j'ai plus d'argent qu'il ne nous en faut.

LOUISE, étonnée.

Mais que m'avait dit Lucien?..

JACQUES.

Lucien est un bavard.

LOUISE.

Il me disait que tu voulais revoyer en nourrice, ma fille, que je n'ai pas embrassée depuis trois ans.

JACQUES, douloureusement, à part.

Hélas! sa fille!..

LOUISE.

Pas vrai, que tu ne m'en priveras pas, que je la verrai?

JACQUES.

Comment donc! elle est là... (Montrant le cabinet de droite; à part.) Ah! si cette femme n'était pas arrivée.

LOUISE.

Elle est là, et tu ne me le disais pas... je cours...   (Elle passe.)

JACQUES, vivement.

Non, arrête!

LOUISE.

Mais pourquoi me retenir?

JACQUES, avec trouble.

Le sommeil... la fatigue...

LOUISE.

Que tu es bon père!.. pourtant, j'aurais été bien doucement... je l'aurais embrassée... laisse-moi la voir seulement, d'ici?

JACQUES.

Non.

LOUISE.
Oh ! que tu es méchant !.. mais je veux la voir !..

Jacques l'empêche d'entrer et la fait passer à gauche.

SCENE XIV.

LES MÊMES, LUCIEN, SIMON, OUVRIERS.

CHOEUR.

AIR des Noces de Gamache.

Avançons en silence,
Quand les hussiers s'ront v'nus,
Comme il faut d'la prudence
Nous allons tomber d'ssus.

LUCIEN, à Jacques.
Les hussiers peuvent venir. Bressquoëtte est en bas.

JACQUES, bas.
Tais-toi donc.

LUCIEN.
Maintenant, au nom de tous les camarades, écoutez.

Que la gaité la plus parfaite,
Soit la compagne de tes jours ;
Chaque jour serait ta fête,
S'il dépendait de notre amour.

JACQUES, leur prenant la main.
Merci, mes bons amis, merci.

LUCIEN.
Attendez donc, ce n'est pas encore fini.

Puisque pour nous faire travailler,
Vos affaires se sont dérangées,
Nous vous apportons, voyez-vous,
Cinq cents francs et vingt-deux sous.

Ces derniers vers, c'est de moi.

JACQUES.
En vérité, mes amis, je ne sais ce que vous voulez me dire... cinq cents francs ? Mais Dieu merci, je n'en suis pas là.

LUCIEN, étonné.
Comment ! comment !..

JACQUES.
Cinq cents francs... tenez, voyez, en voilà mille, deux mille...
Il montre l'agenda et l'ouvre.

TOUS.
Qu'est-ce donc que Lucien ?..

LOUISE.
Lucien est un bavard, un menteur, qui m'a fait la même peur, et un mal !.. c'est-à-dire que je ne puis en deviner le motif.

LUCIEN, furieux.
Comment, vous ne m'avez pas dit...

JACQUES, bas.
Tais-toi.

LUCIEN, à Jacques.
Ce matin, vous ne m'avez pas dit... les hussiers...

JACQUES, vivement.
Silence.

LUCIEN.
Vous ne m'avez pas dit... ma fille... ma pauvre fille !.. enfin, comme si elle était morte...

LOUISE, avec effroi.
Morte !.. En effet, pourquoi n'as-tu pas voulu que j'entre dans la chambre ?

JACQUES, embarrassé.
Mais...

LOUISE.
Je cours...

JACQUES, l'arrêtant.
Arrête !.. un instant.
Tous les ouvriers sont à gauche et menacent Lucien qui est au milieu.

LOUISE.

Un instant, c'est un siècle... non, rien ne peut me retenir... ma fille...
ma fille !.. *(Elle entre précipitamment.)*

JACQUES, suivant Louise jusqu'à la porte et regardant dans la chambre.

Ah ! elle est là !

LUCIEN.

Si ce n'est pas vrai, ce que j'ai dit, je consens à recevoir une danse,
sans en parler à... (A Jacques.) Je vous vois encore...

JACQUES, l'interrompant.

Silence, te dis-je... si tu veux te taire, tu ne seras plus apprenti ; demain
je te paye comme ouvrier.

LUCIEN, étonné.

Ah !.. je... quoi...

TOUS.

Ah ! tu nous as fait aller.

LUCIEN.

J'en conviens... mais...

SIMON.

Il n'y a pas de mais... tu vas recevoir ta danse.

LUCIEN, appelant.

Bressquoëtte !..

SIMON.

Tu ne devais rien dire.

LUCIEN.

C'est juste...

JACQUES.

Allons, je vous demande grace pour lui.

LOUISE, rentrant.

Ah ! mon ami, que ma fille est belle !.. et quand je pense à la frayeur
que m'a faite cet imbécile de Lucien... ah ! je t'en veux, va. (Elle le pince.)

LUCIEN, criant.

Bress...

LOUISE.

Que signifie ?..

LUCIEN.

Au fait !.. je dois rien dire.

SIMON, à Lucien.

Mais quel motif t'a fait agir ainsi ?

LUCIEN, à part.

Oh ! quelle idée !.. (Haut.) L' motif ? le v'là : L' bourgeois tient plus à l'a-
mour de ses ouvriers, qu'à un laurier-rose ou à une bouteille d'Alicante...
prouvons-lui qu'il est chéri comme il le mérite... J'ai exigé de vous le plus
grand sacrifice, personne n'a hésité... et voilà... (A part.) C'est pourtant
vexant de passer pour menteur, quand...

JACQUES.

Mes amis... mes bons amis... je n'oublierai jamais ce trait-là... (A Lucien
en le prenant à part.) Demain, ouvrier !..

LUCIEN.

Fameux... (Haut.) Amis, en avant, la noce.

JACQUES.

Je paie toutes les dépenses.

TOUS.

Vive not' bourgeois.

LOUISE.

Silence ! vous allez réveiller ma fille... (Tous se taisent.) Tenez, regardez-
la donc, comme elle est belle !.. elle sourit en dormant.

(Tous les ouvriers se dirigent vers la porte. Jacques est resté à gauche de la scène ; le
garçon de caisse paraît au fond, Jacques lui fait signe, il entre et Jacques lui donne
un billet de banque de cinq cents francs en échange d'un effet.

LOUISE.

Ah ! elle ouvre les yeux... elle me tend les bras... ma fille !

(Elle entre précipitamment ; tous les ouvriers sont occupés à regarder dans la chambre.

STELLA, paraissant au fond, à part.

Sa fille ! ah ! malheureuse mère !..

FIN DU PREMIER ACTE.

ACTE II.

Le théâtre représente un appartement. Jacques, devant son bureau à droite, est occupé à faire sa paie. Lucien est assis à l'autre coin du théâtre ; tous les ouvriers sont debout en attendant qu'on les paie : parmi ces derniers, l'on voit Bahu, gamin de dix ans, en pantalon militaire garance, coupé seulement par le bas pour sa taille, une seule bretelle en lisière, un bonnet de police sur le coin de l'oreille, le type du franc gamin de Paris. (Lithographie de Charlet.) Jacques continue sa paie déjà commencée. Entrée principale au fond, à droite, le bureau de Jacques. A gauche, une causeuse. A gauche aussi la chambre d'Émélie.

SCÈNE I.

LUCIEN. LES OUVRIERS, BAHU. JACQUES.

JACQUES.

Tiens, Claude, voilà ton compte.

L'OUVRIER.

Merci, bourgeois.

JACQUES, appelant.

Simon !..   (Personne ne répond.)

LUCIEN, à son tour.

Simon !..

BAHU, à part.

Quelle idée. (Haut et contrefaisant la voix de Simon.) Voilà !

(Il se détourne pour rire.)

JACQUES, sans le regarder.

Comment, Simon, tu t'amuses à ribotter au lieu de travailler...toi, père de quatre enfans. (Tout le monde se met à rire.) Qu'est-ce que c'est ?

UN OUVRIER.

C'est ce gamin de Bahu.

BAHU, riant.

Elle est bonne ; celle-là, hein ?

L'OUVRIER.

J'te vas...   (Il va pour le frapper ; Bahu se réfugie auprès de Lucien.)

BAHU.

Ah ben ! non, pas d'calottes ; c'est pour de rire.

LUCIEN.

Ecoute, si tu fais toujours des tiennes, je me verrai forcé...

BAHU.

N'vous fâchez pas, contre-maître ; voulez-vous que je vous fasse une commission ?

LUCIEN, à part, en riant.

Je me reconnais : me voilà à son âge.

JACQUES.

Allons, silence ! Jean-Pierre.

JEAN-PIERRE.

Présent...

JACQUES.

21 francs, 15 centimes.

LUCIEN.

Mais il y a un carreau de cassé à l'atelier pour son compte.

JEAN-PIERRE.

Bourgeois, c'est pas moi qui doit le payer.

JACQUES.

Et qui donc ?

JEAN-PIERRE, se grattant l'oreille.

Pour lors, j'allais manger mon pain ; j'mords, je sens quelque chose qui résiste... c'était Bahu qui avait fait un trou et mis une pierre dedans ; pour lors, colère, j'y ai voulu jeter la pierre, j'ai attrapé l'carreau.

BAHU.

C'était pas une pierre.

JEAN-PIERRE.

C'était pas une pierre ?

BAHU, s'avançant.

Non ! c'était pas une pierre... c'était un caillou.

JEAN-PIERRE, lui donnant un soufflet.

Et ça... qu'est-ce que c'est que ça ?

BAHU.

C'est pas un coup d' pied...

LUCIEN, se levant.

J'ai déjà défendu qu'on le batte.

JEAN-PIERRE.

Il me fait toujours aller.

LUCIEN, à part.

C'est vrai ; à son âge, je ne recevais que ça.

BAHU, à Lucien.

Soyez tranquille, il a son garçon qui n'a qu'un an de plus que moi ; l'y administrerai son affaire.

LUCIEN.

Je paierai le carreau.

BAHU.

Merci, contre-maître.

JACQUES,

Tiens, Jean-Pierre. (Appelant.) Martin Gérard...

MARTIN.

Voilà, bourgeois.

SCÈNE II.

LUCIEN, LOUISE, EMÉLIE, JACQUES.

ÉMÉLIE, accourant.

Bonjour, papa.   (Elle va l'embrasser.)

TOUS LES OUVRIERS.

Bonjour, Mlle Milie, comment qu' ça va ?

ÉMÉLIE.

Bien, très bien, mes bons amis ; ah! maintenant, me voilà tout-à-fait rétablie et prête à vous faire enrager encore.

BAHU, caché derrière les ouvriers et criant comme un sourd.

Vive mam'selle Mélie.

ÉMÉLIE, riant.

Il ne faut pas demander si Bahu est là.

BAHU, passant entre les jambes de Jean-Pierre.

Toujours au poste, quand on donne des gros sous.

LOUISE, entrant.

Eh bien! Émélie... tu vas encore déranger ton père.

ÉMÉLIE.

Je voulais seulement lui dire bonjour et savoir s'il aura bientôt fini.

JACQUES.

Je n'en ai plus que quelques-uns et je suis tout à vous.

ÉMÉLIE, aux ouvriers.

Messieurs, dépêchez-vous, c'est aujourd'hui dimanche, et c'est bien assez de travailler toute la semaine ; qu'au moins papa soit libre de bonne heure.

LUCIEN.

Ne craignez rien, Mlle Émélie, il n'y en a plus pour long-temps.

ÉMÉLIE.

Tiens, je ne vous voyais pas... bonjour, M. Lucien.

LUCIEN.

Bonjour, Mlle Émilie... bonjour, ma petite femme...

JACQUES, l'interrompant.

Allons, ne va-t-on pas parler d'amour, quand je fais ma paie.

ÉMÉLIE.

Ah! mon Dieu! qu'as-tu donc papa, tu n'es pas gentil, ce matin?

LOUISE bas, en l'emmenant de l'autre côté.

Tais-toi, viens par ici.

JACQUES.

Voyons, Martin Gérard. (Il s'approche de Jacques.) Comment! toi, ordinairement si travailleur... tu n'as fait que quatre jours cette semaine. (L'ouvrier baisse les yeux.) C'est mal, ça, un si bon sujet! (Martin ne répond rien, et essuie ses yeux.)

ÉMÉLIE, s'échappant des mains de Louise.

Papa, ne le gronde pas, si tu savais... sa vieille mère est malade, elle se portait mieux quand il était près d'elle... ce pauvre garçon... c'est bien naturel!

JACQUES, avec effusion.

Et tu ne me le disais pas... tiens, mon ami, voilà ta semaine entière.

MARTIN.

Mais, je n'ai travaillé que quatre jours.

JACQUES.

Et voilà 20 francs d'avance... ta mère est malade... oh! je ne suis pas inquiet de toi; vas, vas vite, et surtout ne reviens que lorsqu'elle sera guérie... (Il le paie; Martin a à peine le temps de dire merci, et sort précipitamment.)

ÉMÉLIE, à Jacques.

Monsieur, je suis très contente de vous; embrassez-moi, pour la peine.

BAHU, criant encore.

Vive l'bourgeois, et toute sa famille.

L'OUVRIER GALOU, le poussant brusquement.

Tu vas pas t'taire... clampin.

BAHU, à part, le toisant.

Cré coquin, si j'avais cinq pieds!

JACQUES.

Galou!

GALOU.

Voilà!

JACQUES.

Ah! tu as encore fait le lundi, le mardi, et le mercredi, c'est toujours la même chose.

ÉMÉLIE, tout bas.

Vous ne voulez donc jamais être raisonnable.

GALOU, s'emportant.

Ah! j'fais c'que j'veux...j'n'entends pas... (Emilie se réfugie près de sa mère.)

LUCIEN, se levant.

Ah! parle à Mlle Émélie plus honnêtement... ou sinon...

JACQUES.

Voilà ton compte, je ne veux plus de toi.

GALOU.

Eh ben! c'est bon, on s'en va... v'là-ty pas... j'manquerai pas d'ouvrage. (Aux ouvriers en sortant.) T'as d'capons! (Il sort en fermant la porte avec violence.)

BAHU, le regardant sortir.

C'est bon, j'te perds pas d'vue, toi, avec tes gros sabots...

JACQUES.

Allons, mes amis, à demain... allez vous reposer et ne faites pas le lundi.

TOUS.

AIR: Mon cœur à l'espoir s'abandonne.

On n'peut guère se reposer sur mon âme,
Car le dimanche en sortant d'l'atelier,
Il faut aller prom'ner sa femme;
Et c'est encor' plus dur que d'travailler.

BAHU.

J'viens de r'cevoir des calott's de Jean-Pierre
C'est ça l'plus clair de mes profits,
Mais si l'bourgeois vient d'payer l'père,
Moi je r'passerai la paie au fils.

Reprise   les ouvriers sortent

SCÈNE III.

LES MÊMES, moins LES OUVRIERS.

BAHU.

Et moi, bourgeois, vous n'me payez pas?

JACQUES.

Tiens, voilà ta semaine et ton pour-boire, et surtout, tâche de devenir meilleur sujet.

BAHU.

Moi, j' suis sage comme une image.

JACQUES.

C'est bon... vas balayer l'atelier.   (Il continue d'écrire.)

BAHU.

Ça y est.

LUCIEN, le prenant à part.

Tiens, Bahu!.. voilà quatre sous.

BAHU, au comble de la joie.

Oh! oh! merci, contre-maître, j' vas acheter deux sous d'flan et une cigale pour fumer.

LOUISE.

Comment, à ton âge?

BAHU.

Il n'y a pas d'age, j' suis dans un pays libre! je connais mes droits de citoyen... Je vas balayer l'atelier.   (Il sort en chantant.)

Oh! eh! oh! eh! les autres oh! eh!

SCÈNE IV.

LES MÊMES, moins BAHU.

LOUISE.

Voilà un petit diable, qui, s'il continue fera un bien mauvais sujet.

LUCIEN.

Et pourquoi donc, Mme Jacques, j'ai été pis que cela, moi.

EMÉLIE.

Oui, il paraît qu'il n'était pas très endurant, très bon sujet non plus. M. Lucien.

LUCIEN, riant.

J'en conviens; quoique un peu changé, je ne vaux pas encore grand chose.

EMÉLIE, souriant.

Ça, je ne dis pas le contraire.

LOUISE.

Méchante! veux-tu bien le laisser tranquille.

LUCIEN.

Mais ce changement ne doit pas vous étonner, Emélie!.. A dater du jour où le patron en me nommant son contre-maître, m'a dit: Lucien, tu as été mon ouvrier, il ne tient qu'à toi d'être mon gendre!.. oh! alors, de ce moment plus de querelles, plus de disputes, de ribottes, j'ai tout fait pour me rendre digne de vous, j'ai tâché que plus tard, quand je serais votre mari, vous n'ayez pas à rougir de moi.

EMÉLIE.

Oui! vous avez renoncé aux querelles... c'est donc ça que la semaine passée, vous êtes rentré dans un état épouvantable...

LOUISE.

Encore une fois, veux-tu le laisser tranquille!..

LUCIEN.

Soyez juste: pouvais-je faire autrement?.. il fallait bien secourir Bressquoëtte qu'on assommait; ce pauvre diable se fait vieux, et dam! il m'a défendu tant de fois!..

JACQUES, fermant son registre et se levant.

Là! me voilà tout-à-fait libre... Eh bien! mes enfans, cette bonne Mme Brémont a-t-elle bien passé la nuit?.. arrivée d'Italie hier soir, elle doit être encore bien fatiguée.

EMÉLIE.

Nous n'avons pas osé entrer dans sa chambre, de peur de la déranger... et cependant, j'ai bien envie de la connaître.

LOUISE.

Comment!.. tu ne te rappelles pas de l'avoir vue à son dernier voyage?

EMÉLIE.

J'étais si jeune!

JACQUES.

Je vous recommande, à toutes deux, d'avoir pour elle les plus grands égards.

LOUISE.

J'espère qu'elle n'a pas eu à se plaindre de notre accueil le peu de fois qu'elle est venue à Paris.

JACQUES.

Je ne saurais trop vous le répéter... nous lui devons tout... J'étais sur le point de faire faillite, lorsque cette brave dame est venue si généreusement à mon secours.

LOUISE.

Aussi je l'aime !..

EMÉLIE.

Et moi donc !..

JACQUES, la prenant par la main.

Tu as raison, Emélie, aime-la bien.

LUCIEN, de mauvaise humeur.

Cette dame... cette dame... j'aurais autant aimé qu'elle ne soit pas venue, moi !..

EMÉLIE.

Et pourquoi ça, monsieur, s'il vous plaît?

LUCIEN.

Ah! pourquoi... pourquoi... parce que c'était aujourd'hui que M. Jacques m'avait promis de fixer le jour de notre mariage et que je vois qu'il n'en sera pas encore question.

EMÉLIE, à son père.

Fais-le donc un peu enrager.

JACQUES, qui fait signe à sa fille.

Ton mariage !.. ton mariage !.. nous avons le temps.

LUCIEN.

Le temps !.. ah! tenez, M. Jacques... vous avez été amoureux dans votre jeunesse...moi, je le suis, comme un fou, je ne vois qu'Emélie, je n'ai qu'une pensée, c'est de la rendre heureuse ; et si vous saviez les projets que je forme pour notre bonheur à tous!.. il y a si long-temps que vous travaillez, vous vous reposeriez, vous resteriez avec nous, près de votre fille, chéri, considéré, jouissant d'une réputation d'honnête homme si justement acquise, moi m'efforçant de la mériter; et quand j'aurai des enfans, oh! comme je les élèverai à vous aimer, à vous respecter... ah! M. Jacques, ne retardez pas ce mariage, ne le faites pas; vous me feriez mourir.

LOUISE, attendrie.

Ce pauvre garçon! il a raison, pourquoi le tourmenter ainsi?

JASQUES, riant.

Rassure-toi, Lucien, l'arrivée de cette dame, loin de retarder ton mariage, ne fera que l'avancer.

LUCIEN, vivement.

Vrai!.. bien vrai?..

JACQUES.

Elle nous aime tant, elle porte tant d'intérêt à Emélie... elle sera enchantée d'être témoin du bonheur de tout une famille.

LUCIEN.

Mais alors, qu'elle vienne donc tout de suite !..

JACQUES, à part.

Elle sera heureuse de voir sa fille mariée à un honnête homme!

LOUISE.

La voilà!.. la voilà !..

SCÈNE V.

LUCIEN, LOUISE, ÉMÉLIE, STELLA, JACQUES.

STELLA.

Mes bons amis, avec quel plaisir je me retrouve parmi vous, et combien je suis touchée de vos soins obligeans!

JACQUES.

Oh! pas de remercîmens, madame, nous ne serons jamais quittes envers vous.

STELLA.

M. Jacques... cette jeune fille, serait-ce ?..

JACQUES.

Oui, madame, c'est notre Emélie.

EMÉLIE, s'approchant.

Madame, mes parens, en votre absence, m'apprirent à vous aimer, mais je sens aujourd'hui que leur recommandation était inutile et je n'avais besoin, pour cela, que de vous voir.

STELLA, vivement.

Il se pourrait?.. quoi!.. je ne suis pas une étrangère à vos yeux!..

EMÉLIE.

Une étrangère!.. vous, notre bienfaitrice!..

STELLA.

Emélie... est-ce que vous ne me permettrez pas de vous embrasser?

EMÉLIE.

Madame, je n'osais vous le demander.

STELLA, à part à Jacques, après avoir embrassé Emélie.

Oh! mon ami, comme elle est jolie!.. Mais je crains vraiment de vous avoir dérangés.

LOUISE.

Du tout, madame, nous étions en famille.

EMÉLIE.

Et d'ailleurs, il ne s'agissait pas d'un secret. nous parlions de mon prochain mariage.

STELLA.

Vous allez vous marier!

EMÉLIE.

Avec ce bel homme que voici, qui est presque aussi grand que moi.

LUCIEN.

Oui, madame, et votre arrivée vient d'avancer l'instant de mon bonheur.

STELLA.

Ah! c'est vous, monsieur, qui devez épouser Emélie?

LUCIEN.

Moi-même, madame... Lucien... autrefois l'apprenti de M. Jacques.

JACQUES.

Et maintenant mon contre-maître.

LUCIEN.

Ah! dam... il m'a pris bien gamin... bien farceur... mais soyez tranquille. je ne suis plus le même...

JACQUES.

C'est bon!.. c'est bon!.. t'aurais-je choisi, sans cela?

LOUISE.

Vous aurais-je accordé Emélie

STELLA, à part.

La marier à un ouvrier!..

LUCIEN, bas à Jacques.

Elle est charmante cette dame et je suis sûr qu'elle nous trouve joliment assortis nous deux votre fille.

STELLA, à part.

Il n'y a plus à balancer, dès aujourd'hui, je dois prévenir Jacques.

JACQUES.

Dis donc, Louise, si nous proposions à madame de visiter notre fabrique?

EMÉLIE.

Et mon jardin!.. vous verrez... il est charmant et les plus belles fleurs!..

STELLA.

J'accepte avec plaisir.

EMÉLIE.

Lucien, je ne vous invite pas à venir, vous le connaissez.

LUCIEN.

Je crois ben je tire tous les jours assez d' seaux d'eau pour l'arroser.

EMÉLIE.

AIR :

Venez, sans tarder d'avantage,
Venez visiter mon jardin,
Mais si vous voulez de l'ombrage,
Il faut avoir votre ombrelle à la main.

ENSEMBLE.

Allons, etc.

LUCIEN, à Jacques qui sort le dernier.

Au revoir mon père!.. vous entendez? mon père.

JACQUES.

Certainement, mon fils!.. tu entends? mon fils.   (Il sort.)

SCÈNE VI.

LUCIEN, seul.

Émélie... ma femme et bientôt... ah! si je ne me retenais, je sauterais comme un imbécile... oh! non, un instant, M. Lucien, il ne s'agit plus de plaisanter, ici... me voilà dans peu chef de maison, père de famille... n'allons pas oublier ce que je viens de promettre au patron... père de famille... ça devient sérieux... Émélie croit qu'elle aura des filles, je n'ai rien dit, parce que je ne veux pas la contrarier là-dessus, mais je suis sûr que ça sera des garçons, moi...et des garçons, c'est le diable à élever... c'est que je me rappelle comme j'ai été, moi...

Air Famille de l'Apothicaire.

> Chez eux craignant d'être trahis,
> Que de pèr's de ma connaissance,
> Sont enchantés lorsque leurs fils
> Ont un peu de leur ressemblance ;
> Moi, d'après c' que j' fus dans mon temps ;
> Loin d'caresser cette chimère,
> Je désire que mes enfans
> Ne ressemblent pas à leur père,
> Et je suis sûr que mes enfans
> Ne r'sembleront pas à leur père.

Il ne manquerait plus que cela... qu'ils se disputent, qu'ils se battent... ah! bien, ah! bien, comme je les arrangerais.

SCÈNE VII.

LUCIEN, BAHU, il a l'œil tout noir.

LUCIEN, riant.

Ah! mon Dieu! qu'est-ce que tu as donc?..

BAHU, d'un air penaud.

Ne m'en parlez pas, c'est le garçon à Jean-Pierre, pour la peine que son père m'a donné une calotte, il m'en a donné une collection.

LUCIEN.

Comment, tu te laisses battre? maladroit!

BAHU.

Maladroit!.. au contraire... drès que j' l'aperçois, j' lui dis : en garde, mon vieux... et v'lan... il m' ramasse.

LUCIEN.

C'est que ta garde était mauvaise.

BAHU.

Mauvaise!.. c'est la garde à Goupil.

LUCIEN.

Eh bien! elle ne vaut rien.

BAHU.

Comment, elle ne vaut rien! l'nez, on s' met comme ça, on a la retraite de la jambe droite qui est à la disposition du corps.   (Il se met en garde.

LUCIEN.

Mauvais! mauvais! vois-tu... mets ta jambe comme ça, si l'autre t'attrape, il ne peut te toucher que là; ça ne peut te rien faire... si tu l'attrapes au contraire... tu l'abîmes!..

BAHU.

Ah! oui, je comprends... comme ça.   (Il s'y met.

LUCIEN.

Oui, bien... c'est ça.

BAHU.

Vous m'attaquez, j'attaque, et voilà!.. (Il lui donne un grand coup de pied.

LUCIEN.

Oh! aïe!.. c'est ça.

BAHU.

J' vous ai fait mal?

LUCIEN, se reprenant tout à coup.

Non, monsieur, vous ne m'avez pas fait mal... mais vous êtes un polisson ; qu'il vous arrive encore de vous battre et vous aurez affaire à moi.

BAHU, fâché.

Ah ! qu'est-ce que j'ai fait là !..

LUCIEN, à lui-même.

Voyez-vous le père de famille qui donne des leçons ?..

BAHU.

Vous m'en voulez, hein ?

LUCIEN.

Non,.non, je suis trop heureux pour ça... je vais me marier, Bahu !

BAHU.

Vrai ?..

LUCIEN.

Et avec Mlle Émélie.

BAHU.

Fameux ! j' prendrai la jarretière de la mariée... Oh ! l' bourgeois.

SCENE VIII.
BAHU, STELLA, JACQUES, LUCIEN.

STELLA, à Jacques.

Enfin, nous avons pu nous éloigner de votre femme et d'Émélie... Jacques... j'ai besoin de vous parler... à vous seul...

JACQUES.

Je suis à vos ordres, madame. (A part.) Plus de doutes, elle veut doter sa fille !

LUCIEN.

Vous avez à causer d'affaires... je vous laisse.

JACQUES.

Non, reste ; ça te regarde.

STELLA.

Je désirerais que nous fussions... seuls.

JACQUES.

C'est juste... en ce cas mon garçon...

LUCIEN.

Oui, M. Jacques.   (Il sort.)

BAHU.

Et moi, j' peux–ty rester ?

JACQUES.

Toi, va donc voir à l'atelier si j'y suis...

BAHU, riant.

Oh! connu... connu! j' m'en vas... oh! c'te dame, elle est toute mal, excusez. (Haut.) Bonjour, madame.   (Il sort en faisant la roue.)

SCENE IX.
STELLA, JACQUES.

JACQUES.

Eh bien! madame, nous voilà seuls!

STELLA.

Oh!.. monsieur... comme elle est jolie!..

JACQUES.

Dam! la dernière fois que vous l'avez vue, elle avait dix ans à peine... et depuis elle a fait des progrès... l'histoire, la géographie, la musique, la beauté, elle a tout mené de front; si elle continue elle sera bientôt de première force.

STELLA.

Vous m'enchantez.

JACQUES.

Tout ça n'est rien encore auprès de son cœur!.. Oh! son cœur! il n'est pas assez grand pour aimer Louise, moi, Lucien, vous aussi... Mme Brémont!.. il ne se passe pas de jours qu'elle n'en parle avec cette affection, cette reconnaissance qu'elle vous témoignait tout à l'heure... Je vous l'avouerai même... mais là... en cachette... j'en suis souvent jaloux pour ma pauvre Louise... oui, quand elle parle de vous... il y a dans sa voix quelque chose d'une fille qui parle de sa mère.

STELLA.

Chère enfant! croyez, Jacques, qu'il fallait que j'eusse un motif bien puissant pour m'en séparer!.. mais grace au ciel, le danger qui la menaçait alors, n'existe plus.

JACQUES, joyeux.

Oh! je devine! vous viendrez la voir plus souvent... peut-être même venez-vous vous fixer à Paris... si cela était!.. de combien d'amour seriez-vous entourée!.. près d'Emélie... de son mari.

STELLA.

Son mari... M. Jacques... ce mariage ne peut avoir lieu!

JACQUES.

Que dites-vous.

STELLA.

Écoutez-moi : je ne saurais trop payer les soins que vous avez donnés à ma fille depuis douze ans... aussi, croyez qu'auprès de moi, elle n'oubliera jamais ses parens adoptifs.

JACQUES, surpris et après un temps.

Oublier! je ne vous comprends pas, madame.

STELLA.

Vous ne comprenez pas que libre enfin d'avoir ma fille près de moi, je ne veux plus la quitter... qu'elle va me suivre ?..

JACQUES, avec force.

Vous suivre, madame...

STELLA.

A Naples, ma patrie, où désormais je veux vivre pour elle.

JACQUES,

Ah ça! mais, j'entends mal ?..

STELLA.

Je conçois qu'un pareil sacrifice devra vous coûter, mon ami, aussi pour vous dédommager, il n'est rien que je ne fasse ; parlez... que voulez-vous ? de l'or ?.. la moitié de ma fortune ?..

JACQUES, avec ironie.

De l'or!.. Ah! c'est vrai : vous croyez avoir tout dit, quand vous avez dit de l'or!.. pensez-vous donc qu'il puisse payer tout ce qu'Emélie a reçu de nous ?.. savez-vous qu'elle a un père qu'on nomme partout Jacques l'honnête homme ?.. une mère, (car Louise est toujours la sienne, madame) une mère, à qui l'on ne parle qu'avec respect ?.. car elle fut toujours respectable, elle.

STELLA, à part.

Que veut-il dire ?..

JACQUES.

Et pour de l'or, vous voulez que je dise à ma femme... tu es à peine remise des fatigues causées par la maladie de ta fille... Eh bien! ce n'est pas ta fille! cette enfant que, depuis si long-temps tu accables de caresses et qui te les rend avec tant d'usure... cet enfant, ce n'est pas le tien! Allons donc, madame, vous n'avez pas pensé à ce que vous disiez, vous n'avez pas réfléchi que ce mot seul était un arrêt de mort, pour celle qui a élevé Emélie, sans cela, vous ne l'auriez pas dit.

STELLA.

Vous pensez à vous, aux vôtres, je le conçois ; mais vous ne pensez pas à celle qui pendant douze ans, n'a vu sa fille que peu de fois... vous sentez bien vos peines, mais vous ne voulez pas concevoir les miennes.

JACQUES.

Madame, je me rappelle vos propres paroles ; je n'ai plus de fille, m'avez-vous dit : elle ne connaîtra que vous désormais ; aimez-la comme un père!.. Eh bien! ai-je manqué à ma promesse, et ma Louise qui ne tient à la vie que par un fil!.. Oh! vous êtes trop bonne, vous ne voudrez pas le rompre! tenez... jamais je n'ai supplié personne, jamais je n'ai fléchi les genoux pour demander une grace... Eh bien! je vous supplie... je me mets à genoux devant vous.   (Stella le retient avec un geste d'impatience.)

SCÈNE X.

STELLA, ÉMÉLIE, JACQUES.

ÉMÉLIE, entrant étourdiment par le fond.

Eh bien! je... que vois-je ?

JACQUES, sans voir Emélie.

Emélie est votre enfant, c'est vrai : mais du jour où vous nous l'avez confiée, elle est devenue le nôtre.

ÉMÉLIE.

Qu'entends-je?

JACQUES.

Si vous aviez vu la joie de ma femme quand, croyant embrasser sa fille, elle embrassa la vôtre que vous perdiez, il est vrai, mais que vous pouviez revoir, que vous avez revue... et vous voulez me l'enlever, vous voulez que je me sépare de mon enfant, de celui de ma femme... Oh! jamais, jamais!

ÉMÉLIE, s'avançant.

O ciel! qu'ai-je entendu? quoi! vous seriez?..

STELLA.

Ta mère!..

ÉMÉLIE, lentement.

Ma mère!

ENSEMBLE.

STELLA.	ÉMÉLIE, à part	JACQUES.
Quel trouble en ma présence,	Quel trouble en sa présence,	Quel trouble en sa présence,
D'elle vient s'emparer!	De moi vient s'emparer!	D'elle vient s'emparer!
Elle hésite et balance;	J'hésite, je balance;	Elle hésite et balance;
Ah! que dois-je espérer?	Qui dois-je préférer?	Qui va-t-ell' préférer?

ÉMÉLIE, vivement.

Et Louise! ma bonne Louise!..

JACQUES.

N'était que ta mère d'adoption. Et pour la remercier des soins qu'elle a pris de ton enfance, madame veut d'un mot détruire son illusion... son bonheur...

ÉMÉLIE, courant à sa mère.

Ah! madame... vous ne le ferez pas, n'est-il pas vrai?

REPRISE DE L'ENSEMBLE.

LOUISE, dans la coulisse.

Emélie!.. Emélie!..

JACQUES.

Ma femme!.. pas un mot devant-elle. madame!..

ÉMÉLIE.

Oh! non, pas un mot... je vous en conjure.

SCÈNE XI.

JACQUES, EMÉLIE, LOUISE, JACQUES.

LOUISE.

Ah! te voilà! je te cherchais partout!.. tu m'as quittée si brusquement. (Observant tour à tour, Jacques, Stella et Emélie.) Ah ça! mais, qu'avez-vous donc, tous les trois... d'où vient que tu es si agitée?

ÉMÉLIE, l'embrassant.

Ce n'est rien... je t'assure... ma mère!.. ma bonne mère!.. oh! que je t'aime!

STELLA.

Et vous n'aimez qu'elle?..

ÉMÉLIE, allant à elle.

Ah! si!.. vous... je vous aime bien aussi... (L'appelant bas.) Ma mère!

STELLA, à part.

Ah! c'en est trop, jamais je ne pourrais renoncer à elle.

JACQUES.

Mais, toi-même, qu'as-tu donc, Louise? tu es aujourd'hui plus pâle que de coutume.

ÉMÉLIE, vivement.

Serais-tu souffrante?

LOUISE.

Non... non... ce n'est rien.

ÉMÉLIE.

Et quand je songe que c'est pour avoir passé les nuits à veiller auprès de moi.

LOUISE.

C'était bien naturel...

ÉMÉLIE.

Si je l'avais su! je t'en aurais bien empêché.

LOUISE.

Je ne le crois pas... (Passant auprès de Stella.) Tenez, madame, je ne voudrais pas que Jacques qui est si bon m'entendît, mais l'amour d'une mère pour son enfant l'emporte sur tout autre sentiment.

STELLA.

Vous avez raison... oui... amitié, reconnaissance, il fait tout oublier.

(Pendant ce temps, Jacques a parlé à Emélie.)

JACQUES, bas.

Tu m'as compris... je vais emmener ta mère. (Haut.) Louise, il faut laisser Emélie seule avec madame qui nous menaçait tout-à-l'heure de nous quitter promptement.

LOUISE.

Comment, nous quitter!.. déjà!.. à peine arrivée...

JACQUES.

J'espère que ta fille aura plus de pouvoir sur elle que nous tous...

LOUISE, à Emélie.

Tâche d'être éloquente... tu fais de nous tout ce que tu veux... fais en sorte d'avoir le même empire sur madame.

JACQUES, à Louise.

Allons, allons, viens.

AIR de Gustave.

LOUISE, à part.
D'où vient ce mystère?
Je crains un malheur,
Jacques, je l'espère,
Va calmer mon cœur.

JACQUES, à part.
Elle se croit sa mère?
C'est tout son bonheur,
Détruire ce mystère
C'est briser son cœur.

STELLA, bas.
Je sens d'une mère,
La voix dans mon cœur,
Cette enfant si chère;
Est tout mon bonheur.

ÉMÉLIE, bas.
Oui, de ce mystère,
Dépend son bonheur;
A ma bonne mère,
Laissons cette erreur.

SCENE XII.
STELLA, ÉMÉLIE.

STELLA, allant s'asseoir.

Emélie, viens là, près de moi!.. Enfin tu m'es rendue!.. toi... dont je fus privée si long-temps... oh! que j'avais besoin de ta présence de ton amour... et toi, es-tu heureuse de me voir?..

ÉMÉLIE.

Oh!.. oui bien heureuse!.. (D'un air calin.) Mais il ne faut pas être méchante!.. Je vous préviens que je suis habituée à ce qu'on fasse toutes mes volontés... ainsi vous allez m'écouter... et d'abord, vous ne retournerez plus dans votre pays... vous vous fixerez ici, dans notre maison; là, je partagerai ma tendresse entre celle qui ma donné le jour et celle qui me l'a conservé.

STELLA.

Mais... Emélie...

ÉMÉLIE.

Quant à Lucien, vous savez, Lucien, mon mari, mon mari futur... oh! pour celui-là, c'est le meilleur enfant du monde... il ne fera rien, il ne parlera, il n'agira que lorsque je le voudrai; aussi ne vous occupez pas de lui... pour ce qui regarde Jacques, vous serez forcé de l'aimer autant que moi quand vous serez témoin de l'estime dont il est entouré, car, voyez-vous, il n'y a pas d'amour, d'amitié possible sans estime...

STELLA.

Tu tiens donc bien à rester à Paris?..

ÉMÉLIE.

N'est-ce pas là qu'habitent tous ceux que j'aime?

STELLA.

Songe combien tu as à me dédommager du temps que j'ai passé loin de toi.

ÉMÉLIE.

Pourquoi ne venais-tu pas plus souvent?

STELLA.

Ah! si je l'avais pu!

ÉMÉLIE.

Qui pouvait t'en empêcher?

STELLA, hésitant.

Mais... des motifs graves...

ÉMÉLIE.

Ah ! je ne suis pas curieuse !

STELLA.

Enfin, Emélie ; tu es ma fille... et Louise...

ÉMÉLIE.

Louise !.. je suis habituée à ses caresses comme elle aux miennes; nous voir tous les jours, nous chérir, est pour nous un besoin !..Ecoute, maman, je te le répète : Si jamais Louise apprenait que je ne suis pas sa fille, elle en mourrait de douleur...

STELLA.

Allons, sois raisonnable, Emélie; j'espère que tu ne me forceras pas d'employer l'autorité maternelle !..

ÉMÉLIE, étonnée.

L'autorité maternelle !..

STELLA.

Écoute, je t'aimais autant qu'on peut aimer sa fille, mais depuis que je te connais mieux, je te disputerais à Dieu même !.. ainsi toute prière est inutile ; Emélie, il faut me suivre...

EMÉLIE, sanglottant.

Mais je ne pourrai jamais soutenir leurs regards, quand je partirai, les voyez-vous, pâles, muets, de grosses larmes dans les yeux, le mot ingrate expirant sur leurs lèvres... non, je n'en aurai jamais le courage.

STELLA.

Eh bien ! tu peux l'éviter... j'ai tout prévu... ma chaise de poste est là. préparée à tout événement, pars, pars avec ta mère qui t'aime tant !.. tu seras riche...

EMÉLIE.

Que m'importe !..

STELLA.

Heureuse !

EMÉLIE.

Loin d'eux... jamais !

STELLA.

Tu me forces, enfin de dire un mot que j'évitais d'employer... je le veux !

EMÉLIE.

Je le veux !.. ah !.. jamais Louise ne m'en a dit autant...

STELLA.

Emélie !..

EMÉLIE.

Tenez, madame, vous me rendez folle... vous voulez que je les quitte !.. eh bien ! oui ! oui ! vous avez tous droits sur moi, je le ferai... oh ! mais, alors, que ce soit tout de suite, sans réfléchir.

STELLA, voulant l'entraîner.

Viens donc, viens...

EMÉLIE, au désespoir.

Eh quoi ! sans les embrasser !..

STELLA.

Il le faut !..

EMÉLIE, pleurant.

Eh bien ! laissez-moi leur écrire un dernier adieu !..

AIR :

Le devoir l'ordonne,
Et je me soumets ;
Pour vous, j'abandonne
Tout ce que j'aimais. (bis.)
Famille chérie !
Qui fit tout pour moi,
L'ingrate Emélie,
Va fuir loin de toi.

STELLA.	EMÉLIE.
Le devoir l'ordonne,	Le devoir l'ordonne,
Elle se soumet ;	Et je me soumets ;
Car elle abandonne,	Pour vous, j'abandonne
Tout ce qu'elle aimait.	Tout ce que j'aimais.

Elle rentre

SCÈNE XIII.

STELLA, puis LUCIEN.

Enfin, elle est à moi!.. oh! je ne suis plus Stella, cette femme brillante de Gênes... désormais je ne veux plus avoir qu'un amour dans le cœur, celui de ma fille, de ma bien aimée... Ah! quelqu'un.

LUCIEN, entrant pâle et défait.

Pardon, madame.

STELLA.

Que voulez-vous?

LUCIEN.

M. Jacques m'a tout confié, madame.

STELLA.

Eh bien!

LUCIEN, tristement.

Il m'engageait à venir vous supplier de m'accorder la main d'Emélie... mais je ne suis pas venu vous parler pour moi, je suis jeune... je puis supporter ce malheur... et puis quand j'en mourrais, je suis seul au monde...

STELLA, avec impatience.

Enfin, que voulez-vous?

LUCIEN.

Vous supplier de garder le silence, de ne rien dire à Mme Jacques; ce serait lui donner un coup affreux... quant à moi! je ne demande rien, je sais bien qu'un ouvrier ne peut-être votre gendre, quoique, j'aurais fait tout pour en être digne!.. je me serais instruit... j'aurais eu une conduite exemplaire, et quand M. Jacques se serait retiré du commerce, j'aurais conduit sa maison... enfin, j'aurais rendu votre fille si heureuse que vous auriez fini par m'aimer. Eh bien! tout cet avenir... j'y renonce!.. et si vous craignez que votre fille m'aime trop, eh bien! je m'en irai... je partirai... mais sa mère... Mme Jacques, ah! par pitié, acceptez mon sacrifice, et faites celui que je vous demande.

STELLA, sans l'écouter.

A chaque instant, je crains qu'Emélie n'arrive!

LUCIEN.

Eh bien! madame, que puis-je espérer?

STELLA, de même.

Elle vient!..

LUCIEN.

Ah! je ne vous quitte pas que je n'aie obtenu une réponse!..

STELLA, à part.

Que faire! Haut. Eh bien! allez trouver M. Jacques, qu'on me laisse seule... et dans une demi-heure... on saura tout.

LUCIEN, avec joie.

Ah! madame, je le disais bien, une si belle figure ne pouvait cacher un mauvais cœur... dans une demi-heure...je reviendrai... peut-être plus tôt.

STELLA, le poussant pour ainsi dire.

Partez donc!..

LUCIEN.

Oui, oui, je pars... ah!
Il sort.

SCÈNE XV.

STELLA, puis EMÉLIE, en pleurs.

STELLA.

Il était temps .. la voilà!.. viens, viens, mon enfant...la voiture est là...

ÉMÉLIE, ne sachant ce qu'on veut lui dire.

Ah!.. la voiture...

STELLA.

Dans une heure, nous serons loin d'ici.

ÉMÉLIE, de même.

Ah! oui .. loin d'ici!

STELLA.

As-tu écrit la lettre?

ÉMÉLIE, de même.

Quelle lettre?.. Ah! c'est donc pour ça que j'allais dans ma chambre... je ne me suis rappelée de rien, je me suis mise à pleurer, je suis revenue ici sans avoir écrit... Partons-nous?

STELLA.

Oui, oui, partons. Elle entraîne Emélie, qui se laisse conduire sans rien dire, sans force, ne pensant plus, elle marche

SCENE XVI.

Les Mêmes, JACQUES.

JACQUES, *paraissant tout à coup sur le seuil de la porte ; d'un ton solennel.*
Émélie, où vas-tu?

ÉMÉLIE, *revenant à elle.*
Ah! Jacques!   (*Elle se jette dans ses bras.*)

JACQUES.
Eh quoi! Émélie, pour prix de tant de bontés, tu quittes notre famille.

ÉMÉLIE.
C'est ma mère! elle m'ordonne de la suivre.

JACQUES.
Et je te défends d'obéir.

STELLA.
Monsieur, j'ai des droits.

JACQUES.
Vous?.. je vous défie de les faire valoir.

ÉMÉLIE.
Jacques...

STELLA.
Tant d'audace...

JACQUES.
Vous étonne... je le conçois ; tout à l'heure, j'étais à vos genoux, je vous suppliais comme un enfant qui demande pardon d'une faute ; maintenant, je me relève, je redeviens homme, et puisque vous m'offrez la lutte, je l'accepte, l'ingratitude est de votre côté, la force sera du nôtre...

STELLA.   (*Il fait passer Emélie.*)
Prenez garde, monsieur, je dis tout à votre femme.

JACQUES, *avec force.*
La voilà! voyons si vous l'oserez, Stella!

STELLA.
Stella!.. Oh! mon Dieu! saurait-il?

SCÈNE XVII.

Les Mêmes, LOUISE.

LOUISE.
Eh bien! Émélie, as-tu réussi, mon enfant? tu pleures?..

JACQUES.
Eh! oui, sans doute... madame refuse obstinément de différer son dé-
part... mais ce qu'Emélie n'a pu faire... je vais l'essayer, moi!..
(*Louise va auprès d'Emélie et la console ; Jacques s'approche de Stella.*)

STELLA, *à part.*
Je ne sais, mais il m'inspire une crainte... un effroi!..

JACQUES, *bas à Stella.*
Dois-je apprendre à votre fille que Mme Brémont, trahissant ses devoirs
d'épouse et de mère, quitta sa patrie pour suivre un séducteur?

STELLA.
O ciel!.. quoi! vous savez...

JACQUES.
Que vous remîtes Émélie entre mes mains, pour que la honte de sa
mère ne retombât pas sur elle!

STELLA, *tremblante.*
Oh! monsieur... et maintenant, que prétendez-vous faire?

JACQUES.
Régler ma conduite sur la vôtre, et ne parler qu'après vous.

STELLA.
De grace, laissez-moi l'estime de ma fille.

JACQUES.
Me laisserez-vous la vie de ma femme?

SCÈNE XVIII.

Les Mêmes, LUCIEN, BAHU.

BAHU, *cramponné après Lucien.*
Non, vous ne partirez pas!

LUCIEN, se dégageant.

Veux-tu me lâcher... Dieu ! Mme Jacques !

LOUISE.

Comment, Lucien !.. qu'est-ce que cela signifie ?

BAHU.

Qu'il veut quitter la fabrique ! s'engager dans les casques en cuir.

LOUISE.

Serait-il vrai, Lucien ?

LUCIEN, hésitant.

Dam !

ÉMÉLIE.

Partir !.. vous !.. quitter Jacques, Louise, ceux qui vous aiment tant !

LUCIEN.

Que voulez-vous, mam'selle, il le faut bien... puisque notre mariage déplait... à des personnes...   (Il regarde Stella.)

STELLA.

Mais vous vous trompez !..je n'ai pas le droit de m'y opposer... d'ailleurs, puisque vous aimez Emélie et qu'Emélie vous aime... je ne vois pas pourquoi on hésiterait à vous unir.

JACQUES, bas à Stella.

C'est bien !.. c'est bien !..

LUCIEN, joyeux.

Oh ! si c'est comme ça... ne craignez rien...je reste !..

LOUISE.

A la bonne heure !.. (Se retournant vers Stella.) Mais vous, madame pourquoi nous quitteriez-vous ?..

STELLA, vivement.

Moi !.. (Bas à Jacques avec prière.) Oh ! monsieur faut-il que je renonce entièrement à elle !..

JACQUES, bas.

Oh ! maintenant non !.. non !.. (Haut.) Ecoutez !.. (Musique.) Madame, avait une fille de l'âge d'Emélie... tout son portrait... cette fille est morte !..

(Louise se rapproche d'Emélie.)

LOUISE.

Morte !

JACQUES.

Aussi voulait-elle s'éloigner... la vue de notre bonheur faisait son supplice... mais si Emélie l'appelait sa mère... si, toi, Louise, tu consentais à lui laisser partager ce nom entre vous deux... Elle nous resterait...

LOUISE, vivement.

Que pourrais-je refuser à notre bienfaitrice !

ÉMÉLIE, à Stella.

Maman ! (Allant à Louise.) Tu n'es pas jalouse ?

AIR d'Yelva.

Je comprends bien votre douleur extrême,
    Car cette fille, hélas, était par vous,
Aimée autant que je la suis moi-même.

STELLA.

Vous me plaignez !.. mon sort en est plus doux !

ÉMÉLIE.

A notre bonheur, je l'espère,
Rien ne saurait manquer à l'avenir,
Moi, ce matin, je n'aimais qu'une mère,
Et maintenant j'en ai deux à chérir !

BAHU, transporté.

On s'marie... flambant ! ah ! quelle noce !...

CHOEUR.

Vous restez en ces lieux !
    Non, plus de larmes,
    Plus d'alarmes ;
Vous restez en ces lieux,
Le ciel enfin comble nos vœux.

FIN.